à Monsieur,

Ludovic **Banse**,

Ex-Président de la Société Musicale de TENAY (Ain)

LA COMPOSITION ET L'INSTRUMENTATION

Rendues faciles

PAR

F. O. CAILLIAU,

Ex-Elève du Conservatoire Impérial de Musique de Paris.

Prix: 15 f.

et chez tous les Marchands de Musique de la France et de l'Etranger.

1869

PREMIÈRE PARTIE.

MÉLODIE.

PRÉAMBULE.

Il n'y a pas de science ni d'art qui ait si peu de logique que la musique, aussi est-ce pour cela qu'elle est si en retard en France, même ailleurs; cependant en Allemagne étant beaucoup plus cultivée que chez nous, ne serait-ce que comme routine, elle est plus avancée, quant à l'Italien, il est né mélodiste, la science a très peu de chose à démêler avec lui.

Le Français sous le rapport de la pratique, c'est-à-dire de la composition, est un peu plagiaire, mais sous celui de la théorie, il n'a rien à envier à personne, quoique, comme nous venons de le dire, il y ait incohérence presque partout.

Que dirait-on d'un mathématicien qui commencerait par faire apprendre à son élève, l'addition, la soustraction, et enfin toutes les règles mathématiques, avant de lui apprendre la numération? on dirait tout bonnement qu'il est insensé; c'est pourtant ce qu'on fait en musique.

Il est reconnu que partout où l'on parle ou chante, mais simplement des mélodies, pourquoi alors, ne pas polir ce que l'on possède naturellement, ou plutôt apprendre à l'écrire, au lieu de commencer par apprendre ce dont on a aucune idée, en resumé, pourquoi ne pas procéder du connu à l'inconnu.

La mélodie n'est-elle pas la numération musicale? eh bien! agissons donc comme les mathématiciens, apprenons d'abord la manière d'écrire la succession isolée des différents sons composant le système musical, avant d'apprendre la manière d'écrire la succession des accords, qui n'est autre chose qu'une addition, dont le total doit être l'harmonie. Cette théorie erronnée ne provient cependant rien que de la trop grande confiance qu'ont ordinairement les théoriciens actuels pour leurs prédécesseurs, personne n'a plus que moi, du respect pour les maîtres, mais je ne crois pas les offenser en aucune manière, lorsque je relève, je ne dirai pas leurs erreurs, mais leur entêtement de n'avoir pas voulu, ou à ne pas vouloir se rendre à l'évidence.

Quant à nous, la théorie exposée dans ces deux petits volumes est plutôt un trait d'union entre celle des principaux auteurs et celle du grand ouvrage que nous sommes en train d'élaborer, et dont le plan sera à peu près celui-ci:

1º MÉLODIE, ou étude théorique et pratique de la succession isolée des notes reprt des sons.

2º HARMONIE, ou étude théorique et pratique de la succession simultanée des notes représentant des sons, lesquels doivent former des accords.

3º INSTRUMENTOLOGIE, ou étude théorique particulière des voix et des instruments, comprenant leur étendue, leur caractère, leur timbre, etc, etc.

4º ORCHESTRATION, ou étude théorique et pratique des diverses combinaisons qu'on peut obtenir avec les voix et les instruments.

Tout cela mécaniquement parlant, bien entendu car le reste appt au génie. Mais en somme, nous serons heureux d'avoir réussi à débrouiller un peu ce chaos musical, appelé du nom de *Compo*

PREMIÈRE PARTIE.

CHAPITRE I.

MÉLODIE SIMPLE.

La mélodie est l'art de combiner successivement les différents sons composant le système musical, de manière à produire un chant plus ou moins agréable à l'oreille.

Comme le langage parlé, le langage chanté a sa phraséologie, qui doit se sentir, et non s'apprendre, à moins qu'on ne soit dépourvu de tout sentiment musical, d'après cela, on comprend qu'il est assez difficile de donner des règles précises sur cette plus belle partie de cet art sublime, l'essentiel est de satisfaire les sens, après quoi, il sera de peu d'importance de s'occuper du nombre de mesures que contient une mélodie; nous allons néanmoins essayer de donner quelques préceptes, ne serait-ce que pour ne pas les ignorer.

Le principe essentiel d'une mélodie, c'est le rhytme, un bruit même, avec ce dernier, est toujours imposant, voyez plutôt les tambours battant une marche quelconque, ou encore, les batteurs en grange, etc.

Pour connaitre l'origine de toute espèce de chose, il faut la décomposer, c'est-à-dire en séparer les parties qui jointes ensemble, forment le tout, nous allons agir ainsi pour construire une mélodie.

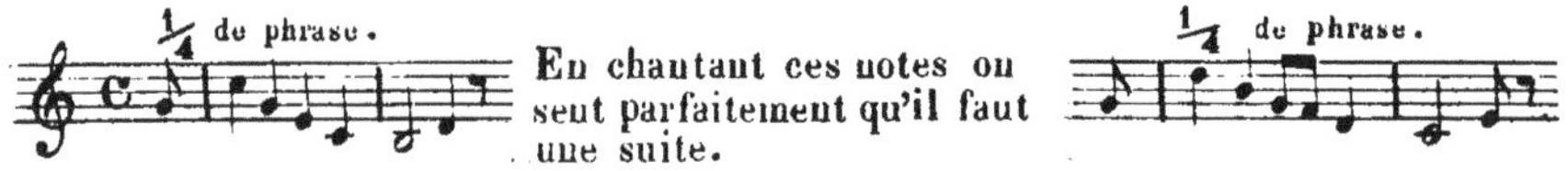

Ajoutons l'un à l'autre ces deux quarts de phrase,

l'oreille n'est pas encore satisfaite, et demande une suite, nous allons donc lui ajouter deux autres 1/4, en procédant comme ci-dessus.

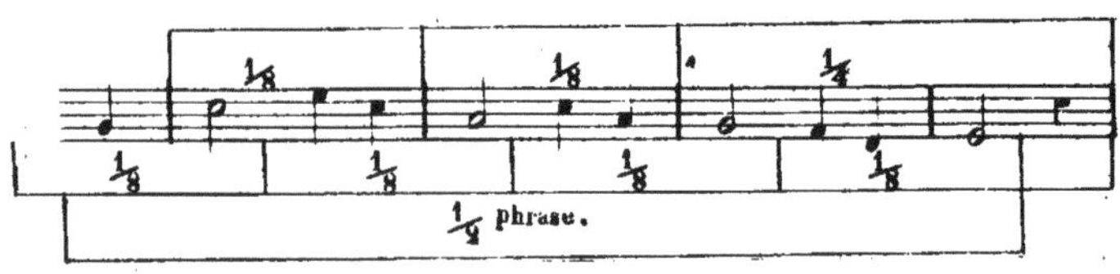

Bien souvent la dernière 1/2 phrase est moins divisible par quarts que la 1re.

La phrase pouvait être complète avec ses huit mesures, mais on sent, même en mettant Ut à la place de Mi à la huitième mesure, que l'oreille désire encore quelque chose, aussi l'auteur a-t-il ajouté ce qu'on pourrait appeler des *mesures complémentaires*, qui ne sont autres que les quatre composant la dernière ½ phrase, seulement cela donne beaucoup plus d'accentuation à la fin de la dite phrase, que voici toute entière: (La phrase est aussi appelée Période.)

La phrase n'a réellement que huit mesures, puisque les quatre dernières sont la répétition des quatre précédentes. Voilà un commencement de mélodie qui est complet en lui-même, l'oreille accepte parfaitement ce repos comme final, cependant une suite ne serait pas mal venue, afin de varier autant que possible, sans quoi on se lasserait vite de ces fragments arrêtés il est vrai, mais pas finis, et si l'oreille veut souvent se reposer, c'est pour écouter plus longtemps sans fatigue.

Comme on a pu le voir, ces quarts de phrases sont de deux mesures, c'est le modèle le plus usité, le ¼ de phrase de quatre mesures est souvent employé aussi, surtout dans les mesures à $\frac{3}{4}$ et $\frac{2}{4}$.

Les seize premières mesures forment la 1.re phrase, les seize dernières la 2.e on remarque que cette dernière n'a réellement que huit mesures, puisque les huit dernières sont la répétition des motifs de la 1.re cependant il faut bien se convaincre qu'elles étaient nécessaires pour la conclusion définitive de la mélodie, d'ailleurs on trouve de nombreux exemples de cette forme, et la répétition du 1.er motif comme final, est pour rappeler à l'oreille que c'est toujours la même mélodie.

Ces fragments de phrase s'appellent *rhytme*, mot qui veut dire mesure, non pas la distance d'une barre à une autre, car ce n'est que par corruption que ce nom lui a été donné, le même mot a servi à désigner deux choses différentes, il eût bien mieux valu appeler l'espace compris entre deux barres: *barrée*, personne n'aurait confondu l'un et l'autre.

LE RHYTME dans toute l'acception du mot est le nombre de mesures que contient une idée musicale quelconque, grande ou petite, ainsi dans les exemples précédents, au lieu de $\frac{1}{4}$ de phrase, c'est rhytme qu'il faudrait dire, partant de là, nous dirons donc qu'il y a des rhytmes de 1, 2, 3, 4, 5, 6, 7, 8 mesures, rarement plus, quoique cela soit possible, surtout dans un mouvement rapide.

Nous avons donné des exemples de rhytmes pairs de deux et quatre mesures, voici des rhytmes impairs, mais qui peuvent se diviser en rhytmes pairs très faibles.

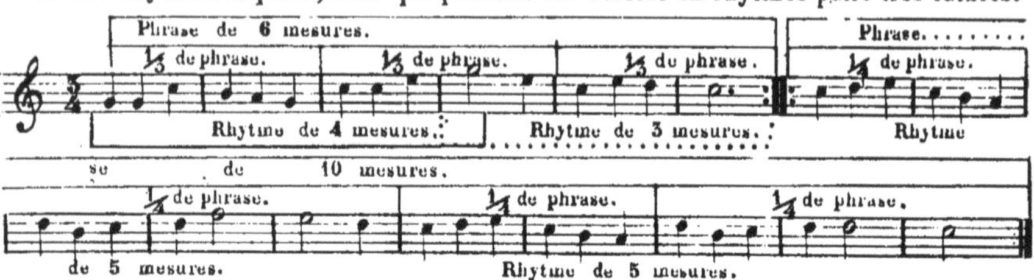

Si nous divisons par tiers et quarts, c'est pour mieux faire comprendre la manière de décomposer une mélodie, mais la vraie division consiste seulement dans les rhytmes, parceque, seuls ils expriment une idée, qui, quoique non complète fait toujours sentir un repos très compréhensible pour l'oreille.

Dans l'exemple ci-dessus, la 1.re phrase est composée de 6 mesures répétées, ce qui fait 12, le 1.er rhytme finit au 2.e temps de la 4.e mesure, et le 2.e commence sur le 1.er temps, mais le vrai rhytme comprend plutôt les six mesures, car le repos de la 4.e est presque insignifiant.

La 2.e phrase contient deux rhytmes impairs de cinq mesures beaucoup plus rares que les rhytmes pairs. On peut diviser une mélodie de beaucoup de manières, selon le mouvement, et il ne faut pas l'oublier, avec la même disposition de notes on peut faire une quantité de mélodies, tellement le rhytme a d'influence sur ces dernières. Nous allons donner quelques exemples des différents rhytmes impairs employés plus ou moins fréquemment dans la pratique.

Quelquefois on rencontre des notes prolongées dans la mesure suivante, quoique la mélodie soit cependant terminée dans la mesure précédente, mais on sent que cette prolongation est indispensable.

D'autres fois la carrure de la phrase est complètée par un silence, dans ce cas, une ou toutes les parties d'accompagnement finissent par la répétition de l'accord parfait arpégé afin de remplir les temps absents. Ordinairement une phrase se termine par la tonique, mais il arrive souvent aussi, qu'elle est *suspensive*; c'est-à-dire qu'elle finit par une tonique voisine de celle de départ.

Voici une mélodie où les rhytmes sont bien marqués, seulement le temps fort, au lieu de se trouver sur le premier temps, se trouve sur le deuxième.

Tantôt la première ½ phrase finit sur la *tonique*, et fait par conséquent, cadence parfaite faible, tantôt elle finit sur la *dominante*, et fait par conséquent ½ cadence.

Les mesures en $\frac{6}{8}$ et $\frac{12}{8}$ étant paires, se conforment aux règles prescrites pour les mesures en $\frac{4}{4}$ et $\frac{2}{4}$. Les mesures en $\frac{3}{8}$ et $\frac{9}{8}$ étant impaires se conforment aux règles prescrites pour la mesure en $\frac{3}{4}$.

RÉPÉTITION RHYTMIQUE. Dans la 1re page, nous avons donné un exemple, où les quatre mesures qui terminent la phrase, ne sont que la répétition des quatre précédentes, nous les avons appelées complémentaires. Ici nous avons la répétition d'une ou deux mesures, soit dans le courant de la phrase, soit à la *fin*, on les appelle ordinairement *écho*, nous ferons remarquer que cette dénomination est fausse lorsque la répétition n'est pas exacte.

 (1)

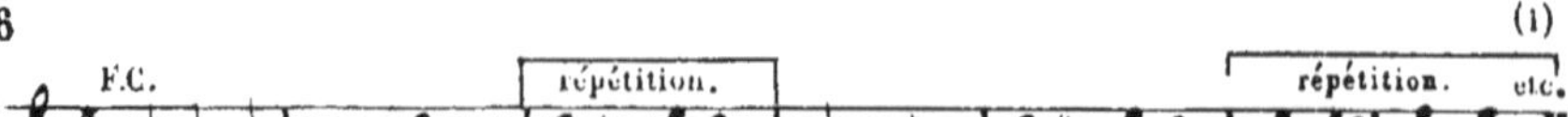

Ces répétitions rhytmiques peuvent être supprimées sans inconvénient, c'est ce qui fait quelquefois rencontrer des phrases impaires, voici la même phrase avec ces mesures en moins:

Voici un exemple d'écho proprement dit, qui pourrait néanmoins être supprimé comme les précédentes répétitions rhytmiques.

PROGRESSION. C'est la répétition d'un rhytme à un intervalle quelconque, et qui peut durer plusieurs mesures.

Rien n'est plus facile que de faire des progressions, voici un exemple pris dans le Barbier de Séville.

ROSSINI.

Au lieu d'arrêter la progression à la quatrième mesure, Rossini pouvait la continuer comme suit:

Il y a des chants qui ne sont qu'une suite de progressions, plus ou moins régulières.

On peut moduler sans difficulté, les progressions n'en sont que plus régulières, et peuvent durer plus longtemps, car on a remarqué dans l'exemple ci-dessus qu'à la 7e mesure on reproduit exactement le modèle une octave au dessous, un peu plus loin nous parlerons des progressions modulantes.

Les progressions s'emploient surtout dans les basses, afin de varier un peu l'harmonie, et lorsqu'elles sont traitées par quelqu'un d'habile, elles produisent toujours de l'effet.

Elles peuvent se composer d'une, deux, trois ou quatre mesures, très rarement plus.

(1) Nous ferons remarquer qu'on pourrait aussi reproduire l'écho réel, de cette manière: écho. etc.

En supprimant la 1re ou 2me note de chaque mesure, on aurait une gamme diatonique.

Beaucoup d'auteurs nomment aussi marches harmoniques, celles qui se pratiquent dans toutes les parties à la fois.

Les progressions peuvent se pratiquer a tous les intervalles, c'est au compositeur à choisir selon le caractère du morceau, et l'effet qu'il veut produire.(0)

CHAPITRE II.

MÉLODIE FLEURIE.

Jusqu'à présent, nous ne nous sommes occupés que de la mélodie simple, c'est-a-dire, presque sans notes passagères, voici la manière d'embellir un chant qui serait par trop simple.

Reprenons l'exemple de la 1re page, et rendons le un peu plus chantant en y intercalant quelques notes parentes a différents degrés a celles qui en sont la base. (1)

Les notes blanches n'ont que la valeur qui leur est assignée pour le complément de la mesure, c'est-a-dire qu'elles sont noires ou croches, elles ne sont employées ici, que pour mieux faire distinguer celles qui doivent porter l'harmonie de celles qui ne lui appartiennent qu'indirectement (1)

(0) Nous avons placé les progressions mélodiques ici, parce qu'elles appartiennent essentiellement à la mélodie, et non à l'harmonie.

(1) Voir notre traité d'harmonie Chapitre VI.

CHAPITRE III.

MÉLODIE VARIÉE.

Indépendamment de la mélodie fleurie, il y a la mélodie variée, qui consiste à faire ressortir les beautés d'un chant simple appelé *thème*, en employant plus de notes qu'il n'en contient, mais sans que pour cela le fond soit changé, car une bonne variation doit pouvoir se jouer en même temps que le thême, et l'on doit toujours y reconnaître l'air primitif.

Il y a deux manières bien distinctes de varier un air 1°. avec les *notes positives* seules, 2°. avec celles-ci liées par des notes *fictives*. (1)

1re. MANIÈRE. D'une ronde, en faire 2 blanches ou 4 noires, etc. mais avec la même note.

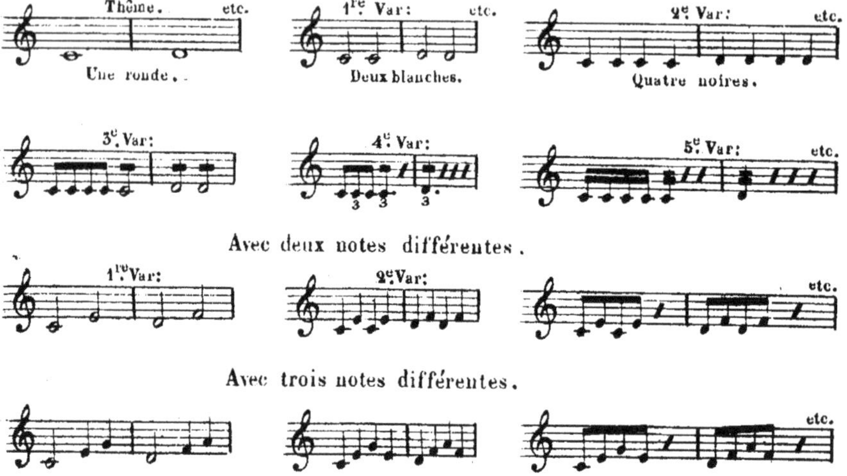

Ces exemples sont suffisants pour faire comprendre la manière de procéder pour varier avec des notes appartenant directement à l'accord, c'est-à-dire de la famille, (voir l'harmonie simplifiée) de la note qui sert de thême.

2e. MANIÈRE. Varier une note quelconque, avec des notes appartenant, soit directement, soit indirectement à la note qui sert de base, (*thême*)

Chaque note peut se présenter sous plusieurs aspects, ainsi *l'Ut* par exemple peut devenir *dièze* ou *bémol*, on pourra donc quelquefois faire entendre ces deux voisines intimes, soit *avant, après*, ou même à sa place, ce qui doit cependant n'arriver que très rarement. (Ici se place naturellement l'étude du *Grupetto*.)

Ce même *Ut* a encore deux voisines qui sont: le *Si* et le *Ré*, on pourra donc employer ces dernières, tantôt avant, tantôt après lui.

Il est bien entendu qu'on peut les employer, isolément ou ensemble.

---

(1) Voir l'harmonie simplifiée, Chapitres V et VI.

Non seulement la *note-thème* peut être altérée, mais encore ses voisines, il est même rare que la voisine inférieure ne le soit pas par un dièze lorsqu'elle se trouve à une seconde majeure de la *note-thème*.

Si nous ne l'avons pas fait dans les exemples ci-dessus (2e mesure des Var: 2, 3, 4 et 8,) c'est que nous avons voulu procéder par ordre, mais nous le répétons, il vaut mieux dans ce cas remplacer la note naturelle par un dièze.

Quant à la voisine supérieure on ne peut l'altérer que par un bémol, ce qui ne changera en rien ce qui vient d'être dit; puisque le bémol de la note supérieure ou le dièze de la note inférieure forment ce qu'on appelle *l'enharmonie*, la différence sera donc celle-ci.

On peut varier chaque note avec une succession de 2des, équivalant à sa valeur.

On peut encore varier avec des appogiatures, des suspensions, des syncopes, des retards, etc, etc. mais alors cela demande plus de précaution. Nous terminons là les exemples de notes variées, pensant qu'avec ces données, chacun pourra s'exercer à en faire une quantité d'autres.

CHAPITRE IV.

MÉLODIE MODULANTE.

Il est rare que dans une mélodie d'une certaine longueur, il n'y ait pas des modulations plus ou moins accentuées.

Les plus communes sont celles qui se font à la 5te supérieure ou inférieure, celle au mineur relatif etc. (voir l'harmonie simplifiée Chapitre VIII)

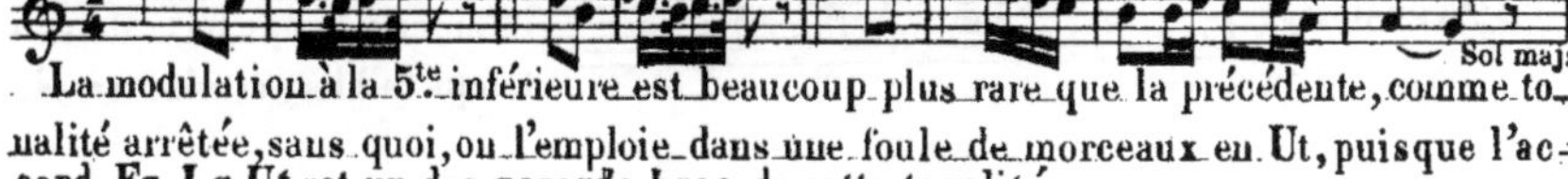

La modulation à la 5te inférieure est beaucoup plus rare que la précédente, comme tonalité arrêtée, sans quoi, on l'emploie dans une foule de morceaux en Ut, puisque l'accord *Fa La Ut* est un des ***accords-base*** de cette tonalité.

La modulation au mineur relatif est très fréquente, d'ailleurs tout ce que l'on pourrait dire sur ce chapitre serait superflu, car tout cela appartient à *l'invention*, (je dirais bien génie, mais il est si rare) seulement nous répétons ce que nous avons dit au chapitre de l'harmonie modulative de notre traité d'harmonie, c'est dans les belles modulations que l'on reconnaît un vrai compositeur, c'est là, toujours là, qu'il faut puiser pour faire un peu du nouveau, sans quoi il est difficile d'y réussir.

On peut quelquefois moduler sans dièze ou bémol, en employant les notes caractéristiques d'un ton. Il faut bien entendu, que la succession de ces notes soit suffisante pour faire accepter sans peine la dite modulation.

CHAPITRE V.

TEMPS FORTS ET TEMPS FAIBLES.

MESURES PAIRES. Dans la mesure en quatre-temps, c'est le 1er et le 3e qui sont les plus forts, le 1er d'abord, le 3e ensuite, les faibles sont donc, le 4e d'abord, le 2e ensuite.

Cette loi des temps forts et faibles se fait tellement sentir qu'il est impossible de s'y soustraire, pour le prouver, nous allons intervertir l'ordre des notes, ci-dessus.

En chantant cette version, on sent la différence énorme qui existe entre elle et le thême.

Une version comme celle-ci (etc.) serait moins choquante que la précédente, parceque les notes qui se trouvaient sur les temps forts dans le thême, se trouvent également sur les temps forts ici, un peu plus faibles seulement, par la différence qui existe entre la force du 1er et du 3e.

Comme preuve, convertissons le quatre-temps en deux, afin de bien saisir ces explications.

THÊME.

En chantant, ou jouant ces 4 fragments, l'oreille la moins exercée fera les remarques suiv:

1re VERSION

Rhytme complètement changé, interverti, temps forts devenus temps faibles, et vice versâ.

2e id. 

Rhytme affaibli, le 1er temps fort étant devenu 3e temps fort, différence peu sensible, la division en deux temps en donne la preuve.

3e id. 

Rhytme dénaturé, le 1er temps fort devenant 2e temps faible.

On peut remarquer malgré les différences précitées, que la mesure en 2 temps, annule deux versions, la 1re ou la 3e, et la 2e, vérifiez. Toutes les mesures paires sont dans le même cas.

MESURES IMPAIRES. Très peu d'auteurs ont déterminé d'une manière précise les temps forts des mesures impaires. Il y en a qui donnent le 1er et le 3e, ce sont les plus nombreux; d'autres le 1er seulement, mais bien peu parlent du 2e, cependant il est de certains cas ou ce dernier est réellement plus fort que les autres.

On voit qu'il est assez difficile de donner des règles sur ce sujet, tout cela dépend absolument de l'invention; un seul auteur a bien défini le temps fort, sans crainte de se tromper, c'est PANSERON; *le temps fort est celui qu'on accentue plus que les autres!!!* cela ne rappelle-t-il pas un peu Mr de La Palisse, qui, *un quart d'heure avant sa mort était encore en vie.* Pauvre CHEVÉ, je ne suis plus étonné de votre *étonnement.*

Voici des exemples de temps forts dans les mesures impaires.

Par une de ces causes, dont la nature seule a le secret, ce dernier exemple ne peut avoir lieu d'une manière complète dans les mesures paires, pour s'en convaincre, on n'a qu'à répéter lentement, en appuyant bien sur chaque note, les mesures suivtes

Le moindre sentiment du Rhytme qu'on puisse posséder, doit faire apercevoir la différence relative de l'accentuation des notes qui composent ces mesures en 2, 3 et 4 temps; dans le 1.er exemple, on sait que le 4e. est moins fort que les précédents; dans le 3e. exemple le 2e. est moins accentué, et puis en outre, deux temps ne sont pas suffisants pour prouver ce que nous avançons, il ne reste donc que le 2e. exemple, c'est-à-dire le trois-temps, c'est le seul genre de mesure où l'on puisse égaliser l'accentuation, aussi combien pourrait-on citer de choses dans la nature, aux quelles le nombre 3 est pour ainsi dire inhérent; par exemple, qui de nous n'a pas entendu, un forgeron, un charpentier, et en général tous gens de marteau, frapper trois coups en cadence, ils n'ont cependant pas appris les lois du rhytme, c'est bien l'effet seul de la nature; un cheval au galop ne produit-il pas un rhytme ternaire aussi, qui peut à peu près se traduire ainsi etc. ne se sert-on pas du nombre 3 pour donner le signal d'une course, d'un mouvement quelconque, lorsqu'on veut qu'il soit exécuté *avec précision*? le commissaire-priseur adjuge après les 3 coups frappés; la loi n'oblige-t-elle pas à faire 3 sommations pour forcer un citoyen à se rendre à l'évidence? l'air se compose de 3 éléments, en remontant à un ordre d'idées plus élevé, la religion Romaine n'est-elle pas fondée sur le mystère de la Trinité, on n'en finirait pas s'il fallait citer tous les emplois du nombre trois; et dire que tout cela est mystère impénétrable; enfin, contentons nous d'en parler, puisqu'il nous est impossible de l'expliquer.

Le lecteur nous pardonnera cette petite digression, que nous étions bien aise de mettre sous ses yeux afin d'essayer de lui faire comprendre la force relative des temps dans les mesures paires et impaires.

CHAPITRE VI.

Résumé. Les traités d'harmonie défendent de faire des intervalles plus grands que la sixte mineure, tout cela ne sert qu'à embrouiller l'imagination de l'élève, qui lorsqu'il prend le 1.er morceau de musique venu, y trouve de tous les genres d'intervalles.

Nous ne voulons pas entrer dans de plus grands détails sur ce sujet, nous donnerons simplement comme règle, de copier les mélodies qui viennent à l'idée, et si l'on est doué du moindre sentiment musical, il est évident que puisqu'on a pu les chanter, d'autres pourront bien en faire autant, on voit que la règle n'est pas difficile à suivre, et cependant c'est selon nous le meilleur moyen d'avoir de l'originalité; presque tous les hommes célèbres dans tous les genres, n'ont acquis une renommée durable que parce qu'ils ont devancé leurs prédécesseurs, c'est-à-dire qu'ils se sont créés une manière de faire, un genre à part.(1)

Pour composer, il faut une chose essentielle, c'est de bien se pénétrer du sujet que l'on veut traiter, à moins que l'on ne veuille continuer l'école Offenbachiste ou Hervéiste, dans ce cas, il n'y a plus rien à dire.

On peut faire en musique ce que l'on fait en Littérature, prendre un sujet et le développer comme on l'entendra.

Lorsque les dièzes ou les bémols arrivent par degrés conjoints, ils n'obligent nullement à moduler, à moins cependant que le mouvement ne soit très lent. (voir l'harmonie, Chap. VIII)

Les retards, syncopes, et enfin toute note qui n'est pas articulée sur le temps fort, l'affaiblit considérablement, le temps faible dans ce cas hérite des propriétés de son voisin de gauche, si la Basse n'accentue pas *fortement* les temps forts.

(1) Il faut autant que possible, que, dans les rhytmes pairs ou impairs, le nombre total des mesures soit pair.

DEUXIÈME PARTIE.

COMPOSITION DES DIFFÉRENTS GENRES DE MUSIQUE.

DEUXIÈME PARTIE.

DE LA COMPOSITION DES DIFFÉRENTS GENRES DE MUSIQUE.

Comme nous l'avons déjà dit, le cadre beaucoup trop restreint de cet ouvrage, ne nous permet pas d'entrer dans de grands détails, ni de traiter la musique symphonique ou théâtrale,[1] nous nous occuperons seulement de ce qu'on appelle *musique légère*, c'est-à-dire: la romance, la chanson, le chœur; la marche, le pas-redoublé, le quadrille, la valse et enfin tout ce qui peut être chanté ou joué par les sociétés musicales, auxquelles cet ouvrage est spécialement destiné.

CHAPITRE Ier.

DE L'APPLICATION DES PAROLES AUX NOTES.

La solmisation et les syllabes dont on se sert pour donner à chaque note l'intonation qui lui est propre, n'étaient pas suffisantes pour exprimer d'une manière assez distincte, tout ce que le vrai génie ressentait en lui-même, pour suppléer à celà, on a été dans la nécessité d'adjoindre la poésie à la musique, c'est de la bonne union de ces deux sublimes sœurs que nous allons nous occuper dans ce chapitre.

La 1re remarque qui se présente ici, c'est que: une note ne peut supporter qu'une syllabe, tandis qu'une syllabe peut au contraire parcourir plusieurs notes, partant de ce principe, nous allons essayer de faire comprendre le mieux possible ce qu'il faut observer dans la réunion des paroles aux notes.

Les vers alexandrins sont composés de douze syllabes, et partagés en deux parties égales appelées *hémistiches*, dans les vers de dix syllabes, le premier hémistiche se trouve à la quatrième, les vers au dessous de dix syllabes ne sont pas divisés par hémistiches.

Cette division des syllabes par parties égales ou inégales se nomme *césure.*

Il faut que la césure poétique et la césure musicale se rencontrent ensemble, c'est-à-dire qu'à chaque césure poétique, il faudra que la mélodie fasse un repos plus ou moins prononcé, relatif à la pensée poétique, cela coule de source.

Supposons ce vers d'un choeur d'Athalie de *Racine*, à mettre en musique.

C'est à nous de chanter, tes dons et ta grandeur.

Il est évident que si on mettait simplement une note sur chaque syllabe, sans le moindre repos, on fatiguerait bientôt l'oreille qui ne pourrait supporter une aussi grande monotonie.

(1) Néanmoins les 3e et 4e parties contiendront des principes élémentaires sur les instruments classiques, et la manière de les combiner dans la partition symphonique.

(2) Voir notre traité d'harmonie pour les chœurs.

C'est à vous lecteur, de chanter cette enfilade de notes prises au hasard, et de vous rendre compte de ce qu'on produirait si on agissait ainsi, pour faire de la musique sur des paroles données, quoique cependant il y ait une note par syllabe; remarquez en outre la mauvaise succession poétique que donne le manque de repos entre les deux hémistiches, *chanter tes*, et puis point de rhytme, puisque la césure n'y est pas même observée.

Comme cela, c'est chantable, parce que la césure y est marquée par des notes d'une plus longue valeur. Il y a le même nombre de mesures que dans le 1.er exemple, seulement au lieu de commencer sur le temps fort, c'est sur le temps faible.

On pourrait sur les mêmes paroles faire une quantité de mélodies, mais on ne pourrait changer que peu de chose à ce dernier rhytme.

Il y a dans la versification française des rimes *masculines* et *féminines*, l'exemple ci-dessus ne contient que des rimes masculines.

Les rimes féminines se terminent par un *e* muet, ou par *ent* dans la 3e personne du pluriel, et *es* dans le pluriel d'un mot quelconque:

En poésie cette dernière syllabe ne compte pas, en musique il nous faut une note par syllabe, elle devra naturellement être moins accentuée que les autres, dans la majeure partie des cas.

Quelquefois et même souvent il arrive que dans le courant du vers, il y a des syllabes féminines, finissant par un *e* muet, mais si elles sont suivies immédiatement d'une autre voyelle quelconque ou d'un mot commençant par une *h* muette, elles ne comptent pas, et font ce qu'on appelle *élision*, en musique elles suivent la même loi.

Lorsque dans le corps des mots, deux voyelles se suivent, elles forment deux syllabes.

Comme par exemple: *ia*, *ie*, *iai*, *io*, *ien*, *oui* dans le corps des mots, etc
di-amant. li-er. confi-ai. vi-olon. li-en. jou-ir.

Nous allons donner quelques exemples, en séparant par un trait les syllabes composant les mots.

Sa-lut champs que j'ai-mais, et vous dou-ce ver-du-re
Et vous ri-ant e-xil des bois. (GILBERT.)

Le chagrin monte en croupe et galope avec lui. (BOILEAU.)

Si on comptait toutes les syllabes, sans faire élision, on en trouverait *quinze*, mais avec l'élision, il n'y en a bien réellement que *douze*:

Le chagrin mon-t'en crou-p'et ga-lo-p'a-vec lui.

Il faut éviter de faire les repos sur les articles tels que: le, la, les, du, de, des, etc. etc. ainsi que sur d'autres mots qui ne servent que de liaison.

Dans la chansonnette, on emploie assez souvent ce qu'on appelle vulgairement le *patois*, mais qui, la plupart du temps n'a rien de commun avec celui des campagnes; il s'obtient en éliminant une moitié de syllabe, quelquefois même toutes à l'exception de la première lettre, afin de ne faire qu'une syllabe de deux: pour *je veux* par exemp. on dirait: j'veux, et au lieu de mettre deux notes, on n'en met qu'une. Consultez pour cela une foule de chansonnettes qui sont devenues populaires depuis quelques années, parce qu'elles n'ont pas le sens commun.

Si l'on veut d'amples renseignements au sujet des paroles lyriques, consultez différents ouvrages du puriste Castil-Blaze, quant à nous, nous ne pouvons nous étendre plus longuement dans un aussi petit ouvrage que celui-ci, et puis nous le répétons pour la centième fois, le goût doit être seul juge dans la majeure partie des cas.

CHAPITRE IIme.

MUSIQUE DE CHANT.

Romance. Jadis c'était une pièce de musique agréable, résumant en peu de mots, c'est-à-dire en deux ou trois couplets, rarement quatre, toute une petite histoire, mais depuis quelques années, on lui a donné selon le sujet qu'elle traite, différents noms, tels que Bluette, Nocturne, Élégie, Fabliau, Mélodie, Sérénade, etc. et dans un autre ordre de faits, Chansonnette, qui elle-même s'est laissée aller à des non-sens impossibles à décrire; qui ne connaît, la femme à barbe, le pied qui remue, etc. etc.

Voici un exemple pris dans le répertoire de J. J. Rousseau.

LE ROSIER.

Lorsqu'on fait un accompagnement, on doit faire quelques mesures d'introduction avant le commencement du chant, soit pour donner le ton au chanteur, soit pour préparer l'auditeur à ce qu'il va entendre, comme cela a lieu dans les pièces lyriques et dramatiques.

Très souvent, on fait faire les quatre ou huit premières mesures du chant, là, comme ailleurs, le compositeur est encore libre.

La romance ci-dessus, n'a point de refrain, mais en général, il y en a toujours un, qui sert en quelque sorte après chaque couplet, à ramener l'auditeur dans le sujet principal.

Ronde. Ce n'est autre chose qu'une chanson, dont, dans une réunion quelconque, chaque membre chante un couplet, après lequel, le refrain est répété en choeur. On peut en faire sur tous les sujets, ronde militaire, ronde bachique, etc. etc. on danse quelquefois le refrain en rond.

Rondeau. C'est encore une variété de la romance, avec cette différence, qu'il n'y a point de refrain, c'est une suite de couplets, se chantant sur deux motifs.

MES VINGT ANS.[1]

Paroles de E. LEGENTIL. Musique de F. CAILLIAU.

Pastorale. C'est une romance champêtre qui ne manque pas de beauté, lorsqu'elle est traitée d'une manière naïve comme le comporte son sujet.

Dans ce genre de composition, il y a le *ranz-des-vaches*, ou pastorale Suisse, il n'a pas de paroles, mais malgré cela, il avait tellement d'empire sur les nationaux éloignés de leur patrie, qu'en l'entendant, quelques uns en mouraient, ce fut au point qu'on dut l'interdire en France, sous peine de mort.

Le voici d'après J. J. Rousseau.

(1) BOUCHU et Cie éditeurs de musique.

On a fait aussi des quadrilles avec paroles, mais toutes ces excentricités actuelles ne prévaudront jamais, nous l'espérons du moins, sans quoi, dans quel bourbier musical irions-nous tomber, mon Dieu.

CHAPITRE IIIme

MUSIQUE DE MARCHE ET DE PIED FERME.

Marche. C'est un morceau de musique ordinairement écrit en quatre temps, et que l'on joue surtout en marchant, afin de préciser le pas d'une troupe quelconque.

Il y a la marche *militaire*, qui est brillante et décidée; la marche *religieuse*, grave et majestueuse; et la marche *funèbre*, dont le caractère doit être approprié aux tristes fonctions qu'elle a à remplir.

On trouve de beaux exemples de ces divers genres dans les opéras; qui ne connaît la marche de Norma commançant ainsi?

Comme marche religieuse, combien celle du Prophète est grave, solennelle; en voici un fragment.

Il y a de sublimes marches funèbres dans les oeuvres des maîtres. On se sert souvent pour ces dernières, des instruments à percussion, tels que; Timbales, tam-tam, caisse roulante, etc, le tout voilé, d'abord comme signe de deuil, ensuite pour rendre les sons plus lugubres et plus sourds.

Pas-Redoublé. C'est un genre de marche plus accéléré que les précédentes, plus décidé, et par ces raisons, beaucoup moins grave, il n'en produit pas moins beaucoup d'effet, lorsqu'il est joué avec entrain par une musique d'harmonie militaire, ou de fanfare.

Vu son caractère léger, on en trouve peu d'exemples dans les oeuvres sérieuses, seulement on peut en extraire de ces dernières, en les tronquant, en les mutilant, ce qui est fait chaque jour par ce qu'on est convenu d'appeler des arrangeurs.

S'il est de la musique où le rythme doit être franc et bien marqué, c'est assurément dans ce genre, sans quoi le pas ne serait pas enlevé, et de là résulterait une grande indécision dans la marche d'une troupe.

Lorsque la mélodie s'affranchit de temps à autre de la carrure rhytmique, il faut que la basse marque bien le 1er et le 3e temps de la mesure en quatre temps, et le 1er seulement de celle à deux temps.

Il peut s'écrire en $\frac{2}{4}$ ou en $\frac{6}{8}$, et se compose, ainsi que la marche, de trois, quatre ou cinq reprises, qui peuvent moduler à la volonté du compositeur.

On appelle la dernière reprise, *Trio*; il doit généralement être dans un autre ton que celui du corps du pas-redoublé, puis en outre, être accompagné plus piano, afin de trancher sur le tout.

Comme on peut s'en convaincre par l'analyse, ce petit pas-redoublé facile, est bien rhytmé, chaque reprise est composée de 8 mesures répétées, et module dans un ton voisin, afin de varier le plus possible, sans cependant en abuser.

Il arrive souvent que, toujours comme moyen de variété, les compositeurs font faire à tous les instruments graves ce qu'on appelle: *Tutti de basses*, et qui produisent toujours beaucoup d'effet, lorsqu'ils sont traités avec habileté.

Il faut éviter de leur faire faire beaucoup de notes, la gravité de leur timbre, ainsi que la grosseur des pistons, fatigueraient bien vite l'exécutant.

Voici un exemple que je note de mémoire, c'est le tutti d'un pas-redoublé bien connu dans certaines parties de la France.

Comme on le voit, il est très simple, et sans aucune difficulté de doigté.

Quelquefois même de simples gammes dans un mouvement modéré peuvent faire de l'effet.

Ordinairement on accompagne ces sortes *d'unissons* de basses par les instruments aigus, en faisant faire à ces derniers, des syncopes, batteries, arpèges, etc. on a usé, pour ne pas dire abusé, de tous ces genres d'accompagnements, néanmoins avec du goût, on peut encore trouver quelque peu de variété.

En voici quelques exemples:

Lorsque le mouvement n'est pas trop rapide, on peut au besoin faire faire ces dernières batteries aux bugles et pistons.

Andante. Pris substantivement, c'est un morceau de musique grave et sérieux, qui le plus souvent s'exécute à l'église, ou tout au moins de pied ferme.

CHAPITRE IV.

MUSIQUE DE DANSE.

Sous ce titre nous comprendrons, le *quadrille*, la *valse*, la *polka*, la *polka-mazurka*, la *redowa*, la *varsovianna*, le *galop*, etc.

Quadrille. C'est une des danses les plus usitées de nos jours. Il se compose de *cinq* parties distinctes appelées *figures*.

(I) Ce quadrille orchestré pour fanfare se trouve dans nos magasins, ainsi que d'autres aussi faciles et aussi chantants.

Cette 1re figure est en $\frac{6}{8}$, mais cette règle n'est pas de rigueur, c'est à dire qu'elle pourrait tout aussi bien être en $\frac{2}{4}$ qu'en $\frac{6}{8}$.

Elle se compose de trois motifs, formant quatre reprises de huit mesures chacune; la 1re reprise se reprend après la 3e et forme ce qu'on appelle la *coda*, parceque c'est là que, après avoir joué deux fois de suite toute la figure, on vient finir. Elle a 32 mesures.

Il est évident qu'on peut moduler à volonté, mais comme règle générale, la dernière reprise est presque toujours dans un autre ton, qui est ordinairement voisin de celui du corps de la figure.

Cette figure est moins longue que la précédente, c'est-à-dire qu'elle n'a que 24 mesures. La 1re reprise composée de 8 mesures se joue fort; la 2e composée de 16 mesures se joue ordinairement en solo avec un accompagnement piano. Elle ne s'écrit qu'en $\frac{2}{4}$. Après l'avoir jouée quatre fois, on finit par la 1re reprise.

Cette figure a le même nombre de mesures que la 1re, mais elle a un caractère plus doux, plus ondulé, et ne peut s'écrire qu'en $\frac{6}{8}$.

Après l'avoir jouée quatre fois, on finit à la coda.

Cette figure peut aussi s'écrire en $\frac{6}{8}$; elle se compose de 2 reprises, dont la 1re a 8 mesures, et la 2e 24, ce qui fait comme pour les 1res et 3es fig: un total de 32 mesures.

Après l'avoir jouée quatre fois, on finit par la 1re reprise.

Cette figure se compose de 48 mesures, mais en la jouant on n'en fait réellement que 32; parce que la 1re fois on suit jusqu'au 1er Da-Capo, qui indique de retourner au commencement; après avoir joué la 1re reprise la 2e fois, au lieu de suivre tout droit, on saute la 2e reprise, et c'est alors qu'on joue la dernière reprise, après laquelle on recommence comme il vient d'être dit, pour s'arrêter au mot fin.

Voilà à peu près tout ce que nous pouvons dire au sujet du quadrille, car il est évident que nous ne pouvions entrer dans les exceptions dans un ouvrage comme celui-ci.

Nous ne ferons que mentionner le *quadrille anglais*, qui, à peu de chose près, n'a de différence avec le précédent que par la manière dont il est dansé.

Galop. C'est une espèce de danse vive, ou plutôt une *sautillade* rapide. La musique doit être décidée, de manière à enlever pour ainsi dire, les sauteurs.

Il est un peu perdu aujourd'hui comme composition distincte, c'est ordinairement la 5e figure des quadrilles qui remplit les fonctions de galop, nous renvoyons donc comme exemple à la 5e figure ci-dessus.

Polka. C'est une danse fort en usage, et qui a une certaine originalité lorsqu'elle est bien rhytmée. On remarquera que le repos se fait sur le deuxième temps.

Polka nationale.

Initule d'ajouter qu'on peut faire le nombre de reprises que l'on voudra, une introduction, des modulations, etc. Mais comme dans presque dans toutes les compositions légères, le trio est dans un ton relatif du corps du morceau.

Schottisch. C'est une danse à peu près comme la polka, seulement le mouvement en est plus lent, on l'écrit en $\frac{2}{4}$ ou en quatre-temps.

Le rhytme est binaire, et finit sur le dernier temps de la mesure, positivement comme la polka. Nous n'en donnerons qu'un exemple rhytmique.

Rhytme commençant sur le temps fort et finissant par le temps faible.

Rhytme commençant sur le temps faible et finissant sur le temps fort.

Mazurka. Nous entrons dans la série des danses à trois temps, qui sont toutes très gracieuses. Nous ne donnerons également qu'un exemple rhytmique.

Rédowa. On pourrait presque dire que la Rédowa est à la Mazurka, ce que la Schottisch est à la Polka, car le mouvement est pour beaucoup dans la différence.

Ex. rhtymique.

On a pu remarquer que le repos du rhytme se fait sur le 2e temps, dans ces deux derniers exemples.

Nous avons choisi parmi de nombreux morceaux du genre, les rhytmes qui étaient les plus fréquents, et qui nous ont paru les plus cadencés, ce n'est pas pour cela qu'il faudrait rejeter toutes les autres formes, pourvu toutefois que la conformité du rhytme ne s'y oppose pas, c'est-à-dire que les repos se fassent sur le 2e temps, sans quoi on s'exposerait à dénaturer l'origine précise de ces sortes de danses. Les différentes reprises qui les composent ont très peu de différence de rhytme.

Ces quatre dernières espèces de danses sont d'un mouvement modéré, en tenant compte relativement les unes aux autres, des observations faites sur chacune d'elles en particulier.

Valse. C'est une danse qui est assez connue pour ne pas en parler longuement; il y en a de plusieurs espèces; *la française*, *l'allemande*, *l'italienne*, *la polonaise*, *l'espagnole*, etc. Elles ne diffèrent entre elles que par le mouvement, sauf peut-être la polonaise qui a un caractère plus tranché.

La valse française se compose quelquefois de plusieurs motifs séparés, et qui sont rappelés dans le dernier passage appelé: *Coda* ou *Finale*.

Parmi les valses, il y en a de fort belles composées par *Strauss* de Vienne (*ne pas confondre avec le chef d'orchestre des bals de la cour.*) Philiberti, et de nos jours, par M.r O. Métra, dont nous citerons entr'autres, *le tour du monde* et *les Roses*, qui ne sont rien moins que deux chefs-d'oeuvre du genre.

Voici la 1.re reprise du trio d'une valse pour fanfare facile, éditée par M.r Gautrot, rue de Turenne 80 Paris, ayant pour titre: *Plombine*.

Voici un exemple de valse allemande qui dans le temps était fort en vogue, et dont le genre n'est pas dénué d'originalité.

Il y a encore le boléro, qui est une espèce de danse espagnole, en trois temps, et dont le rhytme est à peu près celui-ci:

On peut les écrire en $\frac{3}{8}$ tout aussi bien qu'en $\frac{3}{4}$, de plus longues explications seraient inutiles, car il est évident qu'on ne peut asservir la pensée au point de la garrotter, et qu'une fois les principaux éléments connus, chacun peut développer ses idées comme il l'entend.

Une remarque essentielle se présente ici, c'est que, lorsqu'une mélodie quelconque s'éloignera un peu des principes établis, il faudra bien faire marquer le rhytme par l'accompagnement, qui est l'objet de la quatrième partie de cet ouvrage.— FANTAISIE. C'est une composition faite ordinairement avec les principaux motifs d'un opéra, liés ensemble par l'arrangeur. Elle peut être originale, ce qui vaut même mieux. (Musique de pied ferme.)

MOSAIQUE OU POT-POURRI Composition ridicule qui consiste à coudre ensemble des airs populaires, ayant un caractère bien tranché entre eux.

TROISIÈME PARTIE.

INSTRUMENTOLOGIE.

TROISIÈME PARTIE.

INSTRUMENTOLOGIE.

Nous allons donner dans cette partie, les différentes manières d'employer les ruments de toutes espèces, usités de nos jours, ainsi que leur diapason.
Nous nous attacherons surtout aux instruments composant ordinairement les iques d'harmonie et de fanfare, pour lesquelles nous le répétons, cet ouge est spécialement destiné. Néanmoins les explications relatives aux insnents classiques ne pourront qu'être utiles à tout musicien qui aura le heur d'avoir sous la main, la combinaison qui les comporte.

CHAPITRE I.er

CLASSIFICATION DES INSTRUMENTS.

INSTRUMENTS.									
				à vent.					
ocaux.		à Cordes.		en bois.		en cuivre.		de Percussion.	
mes.	Hommes.	pincées ou frappées.	frottées ou pincées.	sans anche ni embouch.re	à Anche.	à Anche.	à embouch.re	à son déterminé	à son indéter.né
rano.	Ténor.	Harpe.	Violon.	Flûtes.	Hautbois	Saxoph.nes	Cors.	Timballes	G. Caisse
tral.to	Basse.	Guitare.	Alto.	Flageol.ts	Clarin.tes	Sarrusoph.s	Tromp.tes	Cloches.	Tambour.
		Piano.	V.lle		Basson.		Tromb.nes		Cymbales
			C. Basse.				Bugles.		Triangle.
							Ophicléi.		
							Cornets.		
							Sax-horns		
ORGUE.									

On voit d'après ce tableau, tous les instruments employés dans les différentes binaisons et qui peuvent se réduire à trois principales qui sont: la combinaison *le*, qui passe naturellement en premier, puisqu'elle est fournie par la nature , et sans aucune retouche; 2.° La combinaison *symphonique* ou *théâtrale* e compose de tous les instruments à cordes, à vent en bois et en cuivre, et instruments de percussion; et enfin la combinaison appelée *harmonie*, ne mposant que des instruments à vent.

Avec ces trois principales combinaisons, on peut en former une quantité d'autres que nous mentionnerons au fur et à mesure qu'elles se présenteront.

Nous avons placé l'orgue en bas, et embrassant tout le tableau, parcequ'à lui seul il peut suppléer, quoiqu'imparfaitement, à toutes les combinaisons fournies par la masse instrumentale.

CHAPITRE II.

VOIX.

Comme on l'a vu dans le tableau précédent, les voix se divisent en deux classes: les *sopranos* et *contraltos* pour les voix de femmes; et les *ténors* et *basses* pour les voix d'hommes.

Ces quatre voix types se divisent encore par deux, qu'on désigne par 1.re et 2.e Voici un petit tableau qui résume la classification des voix, ainsi que leur diapason.

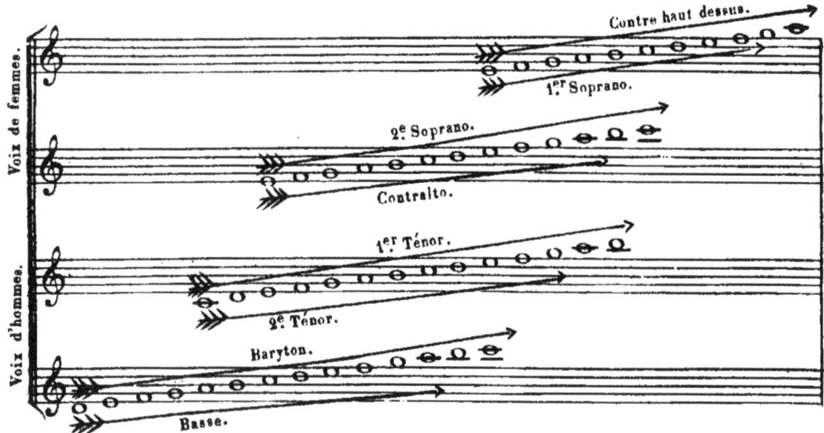

Chacune de ces voix pourra à la rigueur et avec des voix exceptionnelles, s'étendre d'une seconde, mais bien plus rarement d'une tierce soit à l'extrême aigu ou grave, et encore, cela ne doit-il se faire que dans un solo.

Dans les partitions théâtrales on emploie toutes ces variétés de voix, mais dans les choeurs ordinaires on emploie que la combinaison simple, soprano, contralto, ténor et basse, c'est-à-dire les quatre principales; pour les choeurs de chaque classe seule, on divise alors en 1.re et 2.e parties.

Il y a une remarque essentielle à faire ici, c'est que les voix de femmes ou d'enfants, sont naturellement une octave *au dessus* des voix d'hommes, ainsi la gamme suivante chantée par une voix d'homme et une voix de femme simultanément:

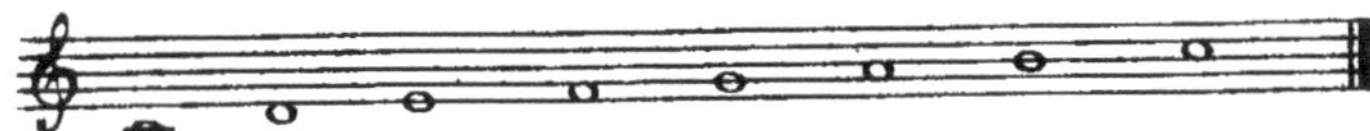

produirait l'effet suivant :

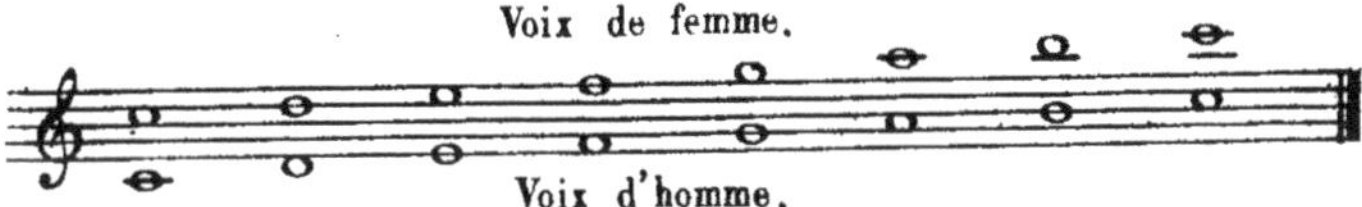

c'est-à-dire qu'au lieu d'entendre l'unisson comme la vue l'annonçait, on entend une gamme doublée a l'octave aigue.

Les voix de femmes ainsi que les voix de ténors, s'écrivent dans les partitions théâtrales, sur les différentes clefs d'ut, mais comme leur usage tend de plus en plus à diminuer, surtout dans les chœurs libres, nous avons pour plus de clarté, préféré les mettre en clef de sol deuxième ligne.

Une observation harmonique importante se présente ici, c'est que lorsqu'on emploie simultanément les voix d'hommes et de femmes, ces dernières étant une octave plus haut que la note écrite, les intervalles se trouvent par ce fait, renversés relativement aux voix d'hommes, il faudra donc, lorsqu'on écrira pour cette combinaison, toujours se représenter les accords comme s'ils étaient renversés. (1)

Il est de toute évidence qu'on peut employer toutes les voix de différentes manières, c'est-à-dire rien que des voix d'hommes ou de femmes, ou mélangées dans des proportions égales ou inégales, etc, etc.

Les choeurs de femmes ont un caractère religieux, angélique; (il en est de même des voix d'enfants, seulement elles ont moins d'ampleur.) les chœurs d'hommes au contraire on un caractère martial et énergique.

La combinaison des deux, forme l'harmonie la plus belle et la plus complète qu'on puisse entendre. Quelques ténors habiles obtiennent dans le haut, un timbre féminin, qu'on appelle *voix de tête* ou *faucet*, il tranche complètement du timbre ordinaire, et produit le meilleur effet lorsque la transition en est bien faite.

(1) Voir notre traité d'harmonie, on y trouvera des exemples de chœurs pris dans les meilleurs auteurs.

CHAPITRE III.

INSTRUMENTS À CORDES.

Noms.	*Observations.*	*Etendue.*
HARPE.	Détrônée par le piano, elle n'en reste pas moins la plus harmonieuse. Les plus usitées aujourd'hui sont en *Ut bémol*, et s'écrivent comme le piano, sur deux portées.	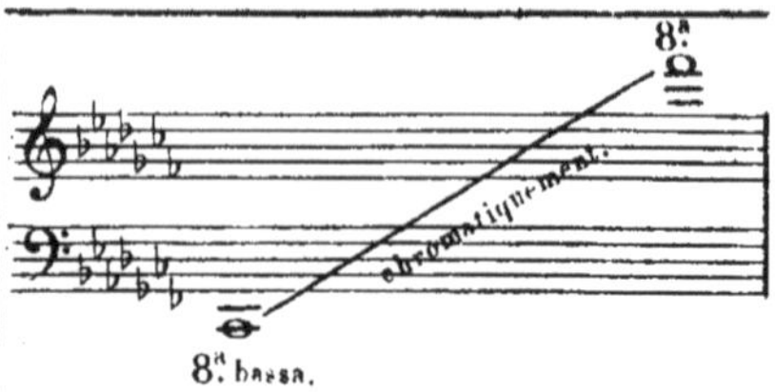 8ª chromatiquement. 8ª bassa.
PIANO.	Cet instrument est si connu et d'une complication telle que nous ne donnerons simplement que son étendue. Il y a des pianos de 5, 6, 7 et même 8 octaves, comme on le voit, il y a de la ressource, aussi est-il presqu'indispensable à l'étude de l'harmonie, parcequ'avec son aide on peut se rendre compte des accords.	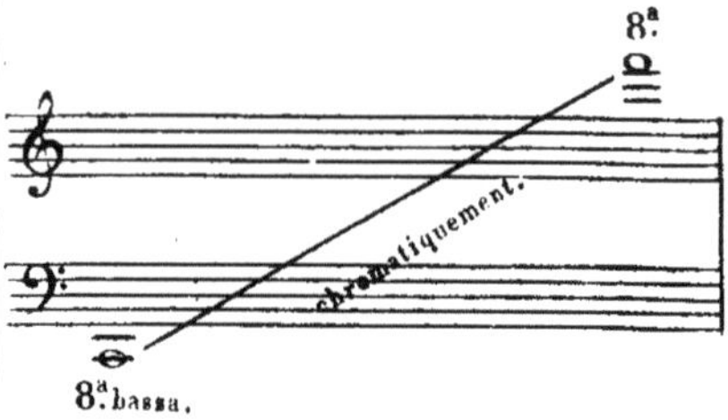 8ª chromatiquement. 8ª bassa.
		Noms des cordes à vide. — *Etendue.*
GUITARE.	Son usage diminue de jour en jour, elle est cependant assez agréable pour s'accompagner en chantant, et même pour jouer des morceaux avec accompagnement. Elle a 6 cordes, trois filées en argent et trois en boyau.	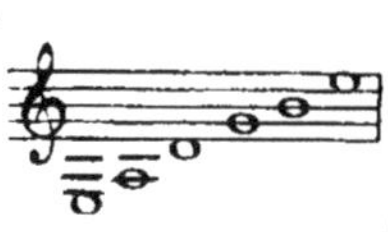  — chromatiquement.
VIOLON.	Il remplit le plus grand rôle dans la musique symphonique, un virtuose habile peut en tirer une foule d'effets diff.ents. Il a quatre cordes, dont une filée en argent (le sol) et les autres en boyau. On divise presque toujours les violons en deux parties, le 1.er fait le chant, le 2.e l'accompagnement. On obtenait du son des précédents au moyen du *pincement* ou *frappement* de celui-ci et ceux de sa famille qui vont suivre on l'obtient au moyen d'un archet.	 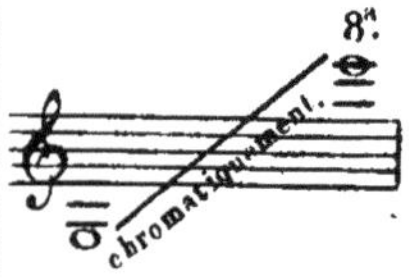 4.e 3.e 2.e 1.re chanterelle — 8ª chromatiquement.
ALTO.	Il est un peu plus grand que le précédent, comme lui il a quatre cordes, mais dont le diapason n'est pas le même, c'est-à-dire qu'il est une *quinte* plus bas. L'*Ut* et le *Sol* sont filées en argent les deux autres sont en boyau. On écrit souvent pour deux altos, mais sur la même portée.	  4.e 3.e 2.e 1.re chanterelle bourdon. — chromatiquement. rarement.

Noms	Observations	Etendue
VIOLON.celle	Il a les mêmes cordes que l'Alto, mais une octave plus bas. Il s'écrit sur les clefs de *Fa* 4.e ligne dans le grave, d'*Ut 4.e ligne* dans le médium, et de *Sol 2.e ligne* dans le haut. On écrit ordinairement pour 2 V.lles	4.e 3.e 2.e 1.re chant.e — chromatiquement.
C. BASSE.	C'est l'instrument qui sert de base à l'harmonie, il y en a à 3 et 4 cordes. On ne fait qu'une partie de contre-basse, et surtout très simple, car on ne peut y exécuter des traits rapides. Elle produit les sons une octave plus bas que ne l'indiquent les notes écrites.	à 3 cordes. 3.e 2.e 1.re — à 4 cordes. 4.e 3.e 2.e 1.re — chromatiquement.

SONS HARMONIQUES. Ils se produisent en effleurant les cordes avec les doigts au lieu d'appuyer. Ils imitent assez bien les sons de la flûte.

TRÉMOLO. Ce sont des notes isolées ou simultanées (car on sait qu'on peut faire 2, 3 et même 4 notes sur les instruments à archet, sauf les c.basses,) qui doivent se faire avec la plus grande rapidité possible et s'indiquent comme cela: ou et comme ceci pour le piano: ou etc. — **PIZZICATO.** Ce terme indique qu'il faut pincer les cordes avec les doigts. Le mot *arco* indique qu'il faut reprendre l'archet.

SOURDINE. Petit morceau de bois échancré, que l'on place sur le chevalet pour affaiblir le son.

CHAPITRE IV.

INSTRUMENTS À VENT EN BOIS.

Noms.	*Observations.*	*Etendue.*
FLÛTE.	Instrument très doux et très employé dans les orchestres symphoniques. On écrit ordinairement pour deux flûtes	
Petite FLÛTE (Picolo.)	Elle transpose naturellement une octave au dessus, elle est donc par cette raison une octave plus haut que la précéd.te On ne fait qu'une partie de petite flûte.	Patte d'Ut. chromatiquement.
FLÛTE Tierce.	Ainsi nommée parce qu'elle est une tierce mineure plus haut que la flute ordin.re Il y en a aussi en *Ré* et en *Fa*.	
FLAGEOLET.	Il n'est usité que dans les orchestres de bal, à cause de ses sons perçants. Il y en a dans différents tons.	
HAUTBOIS.	Indispensable dans les orchestres symphoniques, mais malheureusement son usage devient de plus en plus rare. Effet pastoral. On fait ordinairement deux parties.	rare. chromatiquement. rare.
CLARIN.tte	Il y en a dans plusieurs tons, *Ut, Si♭, La*. Celle en *Si* ♭ est la plus usitée. Elles peuvent chanter ou accompagner. On écrit deux parties.	chromatiquement.
Petite CLARIN.tte	Il y en a en *Mi* ♭ et en *Fa*. Elles ne font que le chant, souvent même, varié. On écrit qu'une partie.	

BASSON.

Comme le hautbois, l'usage de cet instrument se perd, malgré sa grande utilité dans les orchestres symphoniques.

Il s'écrit sur la clef de *Fa* 4e ligne dans le grave, et sur celle d'*Ut* 4e ligne dans le haut.

On écrit ordinairement deux parties.

Il peut chanter et accompagner.

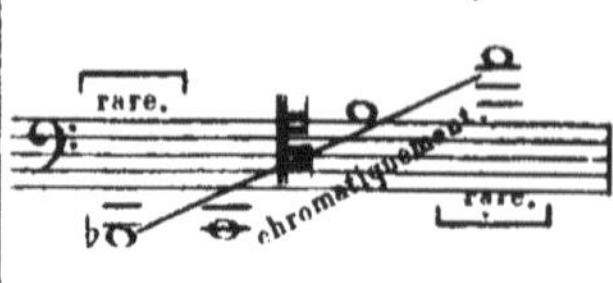

CHAPITRE V.

INSTRUMENTS EN CUIVRE À ANCHE.

SAXOPHONE.

La famille est nombreuse, elle pourrait à elle seule former un ensemble qui tiendrait à la fois des bois et des cuivres.

Il y en a quatre surtout qui sont très employés dans les musiques d'harmonie ou de fanfare auxquelles ils donnent beaucoup de var.té

On peut doubler chaque partie.

Les trois premiers peuvent chanter ou acc.gnent le dernier doit s'en tenir à accompagner seule.ment

Soprano Si♭. Alto Mi♭. Ténor Si♭. — chromatiquement.

Basse Mi♭. — chromatiquement.

Sarrusophone.

La famille est aussi nombreuse que celle des saxophones, la seule différence entre eux, c'est que ces derniers imitent un peu le son des clarinettes, tandis que ceux-ci, imitent les bassons et les hautbois.

On peut les employer ensemble ou isolément, les diapasons étant les mêmes, les parties écrites pour les uns peuvent servir aux autres

Il y en a quatre aussi, principalement usités.

Soprano Si♭. Alto Mi♭. Ténor Si♭. — chromatiquement.

Basse Mi♭. — chromatiquement.

CHAPITRE VI.

INSTRUMENTS EN CUIVRE À EMBOUCHURE.

COR.

Cet instrument indispensable dans les orchestres symphoniques, a été remplacé dans les autres combinaisons par les clavicors ou sax-horns. On l'écrit sur les clefs de *Fa* 4e ligne, ou de *Sol* 2e ligne, cette dernière doit tre considérée comme étant une octave plus bas. Il y en a dans tous les tons.

On fait 1, 2, 3 et même quatre parties, soit dans le même ton, soit dans des tons différ.ts

(Les Blanches indiquent les notes à vide, et les Noires les notes bouchées.)

TROMPE. (Cor de chasse.)

Elle ne s'emploie que pour sonner des airs ou fan.res de ch.st Même observation que ci-dessus, relativement à la clef de sol.

COR à Pistons.

Mêmes observations que pour le cor ordinaire, avec cette différence, qu'au lieu de faire les notes à l'aide de la main dans le pavillon, on se sert de pistons, ce qui devient beaucoup plus facile.

COR RUSSE	Nous le citons comme mémoire seulement, car il a été remplacé par les sax-horns contre-basses circulaires appelés *hélicons*, comme ces derniers il se passait autour du corps. Je me souviens qu'en 1848, mon père étant chef de musique de la garde nationale de Lyon, en avait 3 ou 4 qui produisaient beaucoup d'effet. Ils étaient en *Mi* ♭ grave et à pistons. (Ne pas confondre avec le cor russe usité en Russie, qui ne produit qu'un seul son.)	chromatiquement.
TROMPETTE d'Harmonie.	Elle a été remplacée par la trompette à pistons, quoique beaucoup plus éclatante qu'elle. Comme les Cors il y en a dans tous les tons, mais le plus usité est celui de Mi ♭.	
TROMPETTE à Pistons.	Mêmes observations que pour la trompette ordinaire, avec cette différence qu'elle peut faire les intervalles chromatiques. On se sert quelquefois de la *clef de Fa* dans les tons graves. On écrit pour deux trompettes.	chroma-tiquement. avec les tons graves
TROMBONE à Coulisses.	Il a subi le même sort que la majeure partie des instruments classiques, son usage se perd, il est remplacé bien médiocrement par le trombone à pistons. On fait trois parties de trombones, divisés en 1.er 2.e et 3.e, ils jouent à l'unisson dans les tutti, et se séparent ensuite pour faire des tenues, ou frapper les accords. Il y en a en *Ut* et en *Si* ♭.	chromatiquement.
TROMBONE À PISTONS.	Mêmes observations que pour le précédent, avec cette différence qu'il est plus agile mais beaucoup moins éclatant. On peut l'écrire en *clef de fa*.	chromatiquement. rare.
OPHICLÉIDE	Encore un qui se meurt, et qui est remplacé par le sax-horn basse, dont les sons, sont loin d'être aussi doux. On ne fait qu'une partie d'ophicléide, à moins qu'il ne fasse un solo, alors les autres accompagnent. Cette observation peut s'appliquer à tous les instruments. Il y en a en *Ut* et en *Si* ♭	chromatiquement.
CLAIRON.	On s'en sert dans les régiments d'infanterie pour sonner les pas-redoublés et les marches réglementaires. Il est en Si ♭. On ne fait ordinairement qu'une partie. ※	factice. rare.

※ Sous officier chargé du cours de chant du 2.e bataillon du 57.e de ligne, étant en garnison à Rennes (Bretagne) j'avais arrangé différents pas-redoublés sur des airs connus, le caporal clairon faisait le chant avec un bugle à pistons, et j'avais divisé les autres clairons en trois parties, en nombre cela faisait de l'effet, ce qui prouve que, dans un moment donné, on pourrait en tirer un parti assez avantageux.
On ne peut jouer que dans le ton d'Ut bien entendu.

CHAPITRE VII.

INSTRUMENTS COMPOSANT LES FANFARES.

	Noms.	*Observations.*	*Etendue.*
	CORNET à Pistons.	Il remplit le rôle des violons des orchestres symphoniques et celui des clarinettes des musiques d'harmonie, cela suffit pour en faire comprendre toute l'importance. On l'écrit à plusieurs parties, et dans des tons faciles. Il est d'ailleurs assez connu pour nous éviter d'en dire davantage. Il a des tons de rechange, mais les plus usités sont ceux de *Si♭*, *La♭* et *La♮*.	chrom.
SAX-HORN.	SOPRANO Si♭.	Peu ou presque inusité, tellement il est dur à jouer.	
	SOPRANO Mi♭. (Pt. Bugle.)	Moins pénible que le précédent et par cette raison beaucoup plus employé que lui, il faut néanmoins lui faire compter des mesures assez souvent, sans quoi la fatigue qu'en résulterait, pour l'instrumentiste finirait par rendre la justesse douteuse. On écrit qu'une partie, comme pour la petite clarinette, dont il tient la place dans les musiques de cuivre.	chrom.
	CONTRALTO Si♭. (Bugle.)	Il a les sons plus sourds que ceux du piston, sauf cette différence il se traite positivement comme lui. Il y en a en *La♭*.	chrom.
	ALTO Mi♭ (Clavicor.)	Il a remplacé les cors bien médiocrement. C'est l'intermédiair entre l'aigu et le grave. Il est plus propre à l'accompagnement qu'au chant, à cause de la faiblesse de son timbre, on peut cependant l'employer avec avantage dans un solo accompagné piano. On l'écrit à plusieurs parties, et le plus souvent on lui donne des *tenues*.	chrom.
	BARYTON Si♭.	Par lui commence la série des instruments graves. Il peu au besoin remplacer l'ophicléide dans un solo, mais son rôle est d'accompagner dans la majeure partie des cas, et de doubler les basses dans les tutti. On l'écrit à 2 parties.	chrom.
	BASSE Si♭.	C'est l'ophicléide à pistons, il a les sons plus puissants, mais son timbre est moins sympathique que celui de l'ophicléide. Son rôle principal est de faire la basse, on peut cependant par moment, l'employer dans le solo. On ne fait ordinairement qu'une partie, sauf le cas où il y en a un faisant un solo, Il est à l'unisson du précédent, mais avec un moindre volume de son.	chrom.
	Contre-BASSE Mi♭. (Bombardon.)	Quant à celui-ci, son rôle principal est de frapper la basse, il est incisif dans le médium, et domine les autres instruments, un seul suffit pour une fanfare de 20 à 25 instrumentistes. On peut lui faire faire un tutti simple et d'un mouvement modéré.	chrom.
	Contre BASSE Si♭. (Bombardon.)	Plus volumineux que le précédent, il faut éviter de lui donner plus d'une note par temps, et encore faut-il qu'elles se suivent de près, c'est-à-dire ne pas les écarter plus d'une octave dans un mouvement lent, et tout au plus une quinte. dans un mouvement allegro. On lui fait compter quelques mesures de temps à autre, d'abord pour reposer l'instrumentiste, ensuite comme moyen de vanité. On ne fait ordinairement qu'une partie de ces trois derniers sax-horns, car il faut se rappeler qu'une partie de basse doit être bien accentuée, pour donner suffisamment l'ensemble. Quelques compositeurs les écrivent en *clef* de *Fa 4e ligne* d'autres en *clef* de *Sol*, les dits instruments étant naturellement bas, nous optons pour cette dernière ne serait-ce que pour obtenir l'unité, si belle en toute chose.	chrom.

Imp: MOUCELOT, rue Cr. des Pts. Champs, 27.

CHAPITRE VIII.

INSTRUMENTS À PERCUSSION.

Noms.	*Observations.*	*Notation.*
TIMBALES.	C'est un instrument à son fixe, dont le corps ressemble à un chaudron de cuivre, sur lequel il y a une peau tendue, qui se frappe avec de petites baguettes en bois. Il y en a ordinairement deux, l'une fait la *Tonique*, l'autre la *Dominante*, du ton du morceau. Elles s'accordent au moyen de tringles, au bout desquelles sont fixés des écrous que l'on serre à volonté.	
CLOCHE.	Sert à produire des effets dramatiques. Elle doit être dans le ton du morceau.	
Grosse CAISSE et CYMBALES.	On s'en sert surtout dans les musiques militaires, et dans les *forte* seulement. Il est rare qu'elle se fasse entendre seule, elle est toujours accompagnée des cymbales et se note avec elles.	 etc.
TAMBOUR.	Employé à propos, il peut produire de l'effet, mais c'est surtout, en nombre qu'il est imposant. Dans une marche, un pas-redoublé, il marque bien le pas.	 tr tr etc. ou bien:
Caisse Roulante.	Elle a le son plus sourd que le tambour, et peut s'employer préférablement dans le piano.	etc.
TRIANGLE.	Il a un caractère champêtre, et peut s'employer avec avantage dans maintes circonstances.	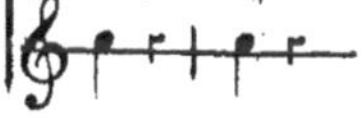

A l'exception des timbales, un seul de ces instruments suffit toujours pour un corps de musique quelconque. Il est évident que les cymbales ne vont que par deux, puisque ce n'est qu'en les frappant l'une contre l'autre qu'on en obtient du bruit.

CHAPITRE IX.

DISPOSITION DES INSTRUMENTS DANS LES DIFFÉRENTS GENRES DE PARTITIONS.

Symphonie.	*Harmonie.*		*Fanfare.*	
	Ancienne.	Nouvelle.	Petite.	Grande.
FLÛTES.	FLÛTES.	FLÛTES.	Pt BUGLE - - - 1.	Pt BUGLE Si♭ - - 1.
HAUTBOIS.	HAUTBOIS.	CLARINETTES.	PISTONS - - - 2.	id. Mi♭ - - 1.
CLARINETTES.	CLARINETTES.	SAXOPHONES.	BUGLES - - - 2.	PISTONS - - - 5.
CORS.	CORNETS à Pistons.	SARRUSOPHONES.	ALTOS - - - 2.	BUGLES Si♭ - - 2.
TROMPETTES.	CORS.	CORNETS à Pistons.	BARYTON - - - 1.	id. La♭ - 2.
BASSONS.	TROMPETTES.	Petits Bugles Si et Mi♭	TROMBONE - - 1.	ALTOS Mi♭ - - 4.
TROMBONES.	OPHICLÉIDES.	BUGLES Si♭.	BASSE - - - - 1.	BARYTONS Si♭ - 2.
TIMBALES.	BASSONS.	ALTOS Mi♭.	Moyenne.	TROMBONES - - 3.
VIOLONS 1°.	TROMBONES.	BARYTONS Si♭.	Pt BUGLE - - - 1.	BASSES Si♭ - - 4.
id. 2°.	TRIANGLE.	TROMBONES.	PISTONS - - - 3.	Contre BASSES Mi♭ 2.
ALTOS.	TAMBOUR.	BASSES Si♭.	BUGLES - - - - 3.	id. Si♭ 2.
VOIX.	Grosse CAISSE.	Contre-BASSE Mi♭.	ALTOS - - - 2.	TROMPETTES Mi♭ 2.
VIOLONCELLES et CONTRE-BASSES.	et CYMBALES.	id. Si♭.	BARYTONS - - 2.	
		BATTERIE.	TROMBONES - 2.	
			BASSES - - - 2.	
			Contre BASSE Mi♭ 1.	
			TROMPETTE Mi♭ . 1.	
			Les sociétés qui pourront avoir des Saxophones et Sarrusophones obtiendront un g.d moyen de var.té [illegible]	

QUATRIÈME PARTIE.

CHAPITRE I.

ACCOMPAGNEMENT.

Il est évident que nous ne pouvons entrer dans les détails que commenderait chaque genre de musique, dans un ouvrage aussi élémentaire, mais néanmoins, les explications données seront suffisantes pour mettre sur la voie, quiconque aura la moindre idée musicale.

Une partition de piano peut se développer de plusieurs manières, indépendamment des éléments qu'on peut employer.

1°. _ En *Solo*, c'est-à-dire, extraire la partie dominante ou *chant*.

2°. _ En *Duo*, ________________ les deux parties les plus essentielles.

3°. _ En *Trio*, ________________ trois ________________

4°. _ En *Quatuor*, ________________ quatre ________________

Viennent ensuite: le *Quintette*, le *Sextuor*, le *Septuor*, l'*Octuor*, etc, etc.

CHAPITRE II.

QUATUOR.

Le Quatuor est le genre le plus difficile à traiter, parce que chaque partie doit se tenir rigoureusement dans les règles; plus il y a de parties, plus il y a de licences, il ne faut pas conclure de là que tout est permis, seulement la rigueur des règles s'adoucit un peu, voilà tout. (Voir l'harmonie simplifiée.)

QUATRIÈME PARTIE.

ACCOMPAGNEMENT. ORCHESTRATION.

CHAPITRE III.

DÉVELOPPEMENT POUR HARMONIE ET FANFARE.

2e fois et fin.
D.C.
Col 1er Piston.

D.C.

Col Pte. Flûte

Solo, 8a. ad lib

p

p

p

p

p

Col 1er Piston.

p

p

p

p

p

p

p

p

p

CHAPITRE IV.

RÉDUCTION D'UNE PARTITION POUR LE PIANO.

Pour que ce travail soit bien fait il faut être très bon pianiste et excellent musicien, on peut cependant, pourvu que l'on connaisse au moins le clavier théoriquement, et que la partition à réduire ne soit pas trop difficile, se tirer passablement de cette tâche.

Comme il est impossible de reproduire toutes les parties d'un orchrestre quelconque complet sur le piano, on devra s'attacher à reproduire le plus possible, tous les dessins, ce qui forcera à procéder ainsi: 1° le *Chant;* qui devra rester intact, sauf à y intercaler, sans le dénaturer aucunement, quelques petits dessins ou contre-parties faits par les instruments intermédiaires. 2° la *Basse*, qui, comme le chant doit rester intacte, sauf, comme le piano ne peut tenir les sons, à l'*arpéger* au lieu de la *plaquer*. 3° Le remplissage doit ensuite se prendre dans les parties les plus essentielles après les deux mentionnées ci-dessus.

Dans un orchestre symphonique, la réduction doit porter sur le *Quintette* (violons, alto, violoncelle, c. basse.)

Dans une musique d'harmonie ou de fanfare, elle doit porter sur le chant, la Basse, et comme remplissage, sur les parties secondaires, telles que celles de 2es clarinettes, pistons, altos, barytons, c'est-à-dire qu'il faut chercher à remplir les accords tout en respectant la pensée du compositeur.

CHAPITRE V.

ACCOMPAGNEMENT VOCAL.

Avant de terminer, nous parlerons d'un genre d'accompagnement exclusif aux sociétés chorales, c'est celui appelé: *à bouche fermée*, nous ne saurions trop le recommander, surtout dans les localités où il n'existe pas de société symphonique, car il peut fournir une quantité de moyens de variété qui au besoin pourraient suppléer aux instruments à cordes ou au piano pour accompagner une romance ou une chansonnette, etc, dans un concert.

A. *Thomas*, *Kucken*, etc, etc, ont employé cet accompagnement avec succès dans plusieurs de leurs compositions chorales.

Fragment du chœur *Dans la forêt* de *Kucken*.

Andte espressivo.

Baryton solo. — O toi que j'aime dors en paix dans cet humble chaumière, la

Ténor 1° — B. Fermée.

Ténor 2° — B. Fermée.

Baryton. — B. Fermée.

Basse. — B. Fermée.

Mr *Elwart* a écrit tout une symphonie vocale, avec accompagnement de bouche fermée. *(Ruth et Booz.)* Il y a aussi différentes syllabes dont on se sert pour accompagner soit un solo, soit un demi-choeur, etc, comme dans le choeur des soldats de *Faust*, arrangé pour les orphéons, les basses font la syllabe *po;* pour imiter le pizzicato des instruments à cordes on prononce *toum* ou *doum; tayo* dans un chœur de chasse, et enfin une quantité d'autres à la volonté du compositeur.

CHAPI

TABLEAU INDIQUANT LES

Instruments en

UT.

RÉ♭.

RÉ.

MI♭.

MI.

FA.

SOL♭.

SOL.

LA♭.

LA.

SI♭.

SI.

Diapason des clefs.

Unisson.

[...]E VI.

[...]RMURES QUI S'ACCORDENT.

inusitées.

www.ingramcontent.com/pod-product-compliance
Ingram Content Group UK Ltd.
Pitfield, Milton Keynes, MK11 3LW, UK
UKHW021949260726
13994UKWH00004B/1633

9 782329 348254